Inhalt

Jahressteuergesetz 2010 - Wesentliche Änderungen der Unternehmensbesteuerung

Kernthesen

Beitrag

Fallbeispiele

Weiterführende Literatur

Impressum

Jahressteuergesetz 2010 - Wesentliche Änderungen der Unternehmensbesteueru

A. Kaindl

Kernthesen

- Das als umfangreiches Artikelgesetz verabschiedete Jahressteuergesetz 2010 sieht zahlreiche Änderungen des Steuerrechts vor.
- Die bereits bestehende Umkehr der Steuerschuldnerschaft bei der Umsatzsteuer wurde erweitert.
- Das Jahressteuergesetz 2010 verankert die Abschaffung des "Seeling-Modells".
- Bei der Körperschaftsteuer kommt es zu Erleichterungen bei der Nutzung von

Verlustvorträgen.

Beitrag

Verabschiedung des Jahressteuergesetzes 2010

Am 26.11.2010 hat der Deutsche Bundesrat dem Jahressteuergesetz 2010 (JStG 2010) zugestimmt. Das JStG 2010 stellt eine Zusammenfassung zahlreicher kleinerer und größerer nicht zusammenhängender Themenbereiche dar. Es wurden an 180 Stellen die Steuergesetze neu justiert - ein bunter Strauß an Änderungen, auch für Unternehmen. Nachfolgend werden einige der wichtigsten Änderungen für Unternehmen aufgezeigt. (2)

Teilweiser oder kompletter Umzug ins Ausland

Ein Unternehmer, der seinen bisher im Inland ansässigen Betrieb vollständig in einen ausländischen Staat verlegt und von dort aus fortführt, hat die im Betriebsvermögen angesammelten stillen Reserven, also die Differenz von Buch- und Marktwert seiner

Maschinen und Grundstücke, sofort aufzudecken und zu versteuern. Die Rechtsfolgen gleichen denen einer tatsächlichen Betriebsaufgabe. Gleiches gilt auch, wenn ein Wirtschaftsgut aus einer inländischen Betriebsstätte in eine ausländische Betriebsstätte überführt wird. (1), (2)

Der Bundesfinanzhof hat sich gegen diese Praxis ausgesprochen. Eine Besteuerung beim Grenzübertritt ist nur zulässig, wenn das Besteuerungsrecht der Bundesrepublik nach dem Umzug der Firma oder des Wirtschaftsgutes ganz verloren geht. Das ist aber nicht der Fall, weil der Staat die stillen Reserven auch später besteuern kann, wenn das inzwischen im Ausland ansässige Unternehmen oder das ins Ausland überführte Wirtschaftsgut veräußert oder aufgegeben wird. Dem Fiskus kam dieses Urteil nicht gelegen. Die Behörden fürchteten Steuerausfälle, da es praktisch nicht zu kontrollieren ist, was aus den Maschinen später etwa in Frankreich oder Österreich wird. Deshalb hat der Gesetzgeber im Jahressteuergesetz 2010 die Bremse gezogen: Die stillen Reserven sind nach wie vor beim Umzug ins Ausland zu versteuern. (1), (2)

Körperschaftsteuer: Erleichterungen bei der Nutzung

von Verlustvorträgen

Erwirbt ein Unternehmen mehr als 25 Prozent der Anteile oder Stimmrechte einer GmbH oder AG, führt das nach dem Körperschaftsteuergesetz dazu, dass die von der Altgesellschaft nicht ausgenutzten Verlustvorträge teilweise oder ersatzlos (bei Erwerb von mehr als 50 Prozent) verfallen.

Von diesem Grundsatz gibt es Ausnahmen, die nun im Jahressteuergesetz 2010 präzisiert wurden. Die in der Altfirma aufgelaufenen Verluste können demnächst mit allen steuerpflichtigen stillen Reserven verrechnet werden. Zukünftig darf auch ausländisches Betriebsvermögen berücksichtigt werden, für das Deutschland das Besteuerungsrecht zusteht. Das betrifft deutsche Unternehmen mit Betriebsstätten in einem Land, das mit Deutschland kein Doppelbesteuerungsabkommen geschlossen hat. (1), (2)

Erweiterung der Umkehr der Steuerschuldnerschaft bei der Umsatzsteuer

Nach geltendem Recht schuldet grundsätzlich der leistende Unternehmer die Umsatzsteuer. Soweit der Leistungsempfänger vorsteuerabzugsberechtigt ist, kann er sich die Vorsteuer vom Fiskus in der Regel erstatten lassen. Steuerausfälle drohen jedoch dann, wenn der leistende Unternehmer die Umsatzsteuer tatsächlich nicht an den Fiskus abführt (z. B. im Insolvenzfall), sich der Leistungsempfänger die Vorsteuer aber gleichwohl vergüten lässt.

Bei Umkehr der Steuerschuldnerschaft erhält der die Leistung ausführende Unternehmer nicht mehr die Umsatzsteuer. Der Leistungsempfänger muss die in der Rechnung ausgewiesene Umsatzsteuer sofort ans Finanzamt überweisen und darf dem leistenden Unternehmer nur den Nettobetrag bezahlen. Da der Unternehmer den Betrag jedoch gleichzeitig wieder als Vorsteuer abziehen kann, fließen in der Regel aus diesem Geschäft insgesamt keine Gelder ans Finanzamt. Dieses so genannte Reverse-Charge-Verfahren soll verhindern, dass das Finanzamt auf der einen Seite Vorsteuer erstattet, die es auf der anderen Seite nicht als Umsatzsteuer kassiert.

Bisher müssen Bauunternehmer und Unternehmen, die mit CO_2-Emmissionszertifikaten handeln, die Umsatzsteuer errechnen, anmelden und an ihr Finanzamt abführen - nicht wie sonst der Leistungserbringer. Ab 2011 kommt es zu einer solchen Umkehr der Steuerschuldnerschaft auch für Unternehmer, die Industrieschrott, Altmetalle oder sonstige Abfallstoffe geliefert bekommen und die Gebäudereinigungsfirmen beschäftigen. (1), (3)

Abschaffung des Seeling-Modells

Im Sommer 2003 erkämpfte der bayerische Gartenbauunternehmer Wolfgang Seeling ein wegweisendes Urteil vor dem Europäischen Gerichtshof.

Seitdem wurde unter dem Begriff "Seeling-Modell" eine umsatzsteuerliche Gestaltung im Zusammenhang mit gemischt genutzten Immobilien, das zu einer "Unternehmer-Eigenheimförderung" führte, verstanden. Im Einzelnen war das Modell dadurch gekennzeichnet, dass eine sowohl betrieblich als auch privat genutzte Immobilie vollständig dem umsatzsteuerlichen Unternehmensvermögen zugeordnet, der Vorsteuerabzug in voller Höhe geltend gemacht wurde und die zinslose Rückzahlung der Vorsteuer für den privaten Anteil zumindest anfänglich über 50 Jahre gestreckt werden konnte. Der umsatzsteuerliche Vorteil dieser Gestaltungsmaßnahme resultierte mithin aus einem zinslosen Staatsdarlehen. Seit dem EuGH-Urteil wurde diese Gestaltungsoption Schritt für Schritt reduziert und durch das JStG 2010 nunmehr ab dem 01.01.2011 vollständig abgeschafft. (1)

Pflicht zur elektronischen Abgabe

der Umsatzsteuer-Jahreserklärung

Während bisher bereits für die monatliche oder vierteljährliche Umsatzsteuer-Voranmeldung nach geltendem Recht die Verpflichtung zur elektronischen Übermittlung an die Finanzbehörde bestand, konnte die Umsatzsteuer-Jahreserklärung noch in Papierform eingereicht werden. Mit dem JStG 2010 wird nunmehr jedoch auch die elektronische Übermittlung der Umsatzsteuer-Jahreserklärung ab dem Besteuerungszeitraum 2011 verpflichtend eingeführt. Diese Anpassung soll der Modernisierung des Besteuerungsverfahrens dienen und ist Bestandteil der Umstellung auf eine standardmäßige elektronische Übermittlung sämtlicher Steuererklärungen der Unternehmen an die Finanzämter.

Lediglich auf Antrag wird zur Vermeidung unbilliger Härten weiterhin die Abgabe in Papierform zugelassen. Von einer unbilligen Härte ist etwa auszugehen, wenn dem Steuerpflichtigen nicht zugemutet werden kann, die technischen Voraussetzungen für eine elektronische Übermittlung zu schaffen. (1)

Erleichterungen bei der Verlagerung der Buchführung ins

Ausland

Seit 2009 ist es Unternehmern gestattet, ihre elektronische Buchführung in einem Land der EU oder des europäischen Wirtschaftsraumes erledigen zu lassen. Mit dem Jahressteuergesetz 2010 entfällt die Beschränkung nur auf diese Staaten. (1)

Änderungen bei der Erbschaftsteuer

Obwohl das Erbschaftsteuerrecht erst jüngst grundlegend reformiert wurde, enthält das JStG 2010 schon wieder Änderungen des Erbschaftsteuerrechts. Das Verschenken oder Vererben von Kapitalgesellschaften mit Tochterfirmen kann teurer werden. Haben die Töchter in ihren Bilanzen Verwaltungsvermögen wie vermietete Grundstücke oder Beteiligungen, können sie nur dann steuergünstig in der Familie weitergereicht werden, wenn dieses Vermögen weniger als 50 Prozent des Unternehmenswertes ausmacht. Dies gilt aber zukünftig nicht für das so genannte junge Verwaltungsvermögen, das dem Betrieb zum Zeitpunkt der Besteuerung noch weniger als zwei Jahre zuzurechnen ist. Für diesen Teil des Vermögens ist bei der Übertragung der Tochterfirma auf die

Erben volle Erbschaftsteuer zu zahlen. (1)

Trends

Das Einkommensteuergesetz erlaubt Unternehmern stille Reserven aus realisierten Gewinnen auf geschlossene Immobilienfonds zu übertragen, um eine Sofortversteuerung zu vermeiden. Es handelt sich dabei nur um ein Steuerstundungs- und nicht um ein Steuersparmodell. Trotzdem sollte dieses Privileg mit dem JStG 2010 gekippt werden. Nun bleibt es bestehen - zumindest vorerst, vielleicht bis zum JStG 2011? Begründet worden war das gesetzliche Vorhaben der Abschaffung dieses Privilegs damit, dass es sich bei den so genannten 6b-Fonds aus wirtschaftlicher Sicht nur um eine bloße Kapitalanlage und keine betrieblichen Aktivitäten handelt. Daher besteht auch kein Grund, Steuerprivilegien zu gewähren. (4)

Fallbeispiele

Unternehmer A hat für sein Stammhaus in Deutschland eine Maschine am 1.1.2010 für 100 000 Euro angeschafft. Die Nutzungsdauer beträgt zehn Jahre. Am 1.1.2012 beträgt der Buchwert 80 000 Euro und der Marktwert 90 000 Euro. A überführt die

Maschine in seine französische Betriebsstätte. Aufgrund des Doppelbesteuerungsabkommens zwischen Deutschland und Frankreich sind Gewinne der französischen Betriebsstätte im Inland freigestellt. Deutschland hat nach der Überführung nach Frankreich kein Besteuerungsrecht mehr an einem Veräußerungsgewinn, wenn A die Maschine anschließend veräußert. Durch die Überführung liegt ein Ausschluss hinsichtlich des Gewinns aus der Veräußerung der Maschine vor. Demnach gilt die Maschine fiktiv am 1.1.2012 als zum Marktwert entnommen. Der Entnahmegewinn beträgt 10 000 Euro. Gemäß § 4g EStG kann ein Ausgleichsposten in Höhe der Differenz zwischen Buchwert und Marktwert gebildet werden, der im Jahr der Bildung und in den folgenden vier Jahren jeweils um 2 000 Euro gewinnerhöhend aufzulösen ist. (2)

Weiterführende Literatur

(1) Für jeden was dabei Der Bundesrat will am Freitag das Jahressteuergesetz beraten - es bringt etliche neue Regeln für Firmen
aus Financial Times Deutschland vom 24.11.2010, Seite 20

(2) Wesentliche Änderungen der Unternehmensbesteuerung durch das Jahressteuergesetz 2010

aus Zeitschrift für Bilanzierung, Rechnungswesen und Controlling, Heft 12/2010, S. 569

(3) Das Jahressteuergesetz 2010 bringt bei der Umsatzsteuer für Unternehmen neue Regeln.
aus Handelsblatt Nr. 222 vom 16.11.2010 Seite 18

(4) Politik rettet Steuerstundungsmodell
Fondsprivileg für Unternehmer bleibt bestehen //
Bundestag ändert Jahressteuergesetz
aus Financial Times Deutschland vom 01.11.2010, Seite 21

Impressum

Jahressteuergesetz 2010 - Wesentliche Änderungen der Unternehmensbesteuerung

Bibliografische Information der deutschen Nationalbibliothek

Die Deutsche Nationalbibliothek verzeichnet diese Publikation in der deutschen Nationalbibliografie; detaillierte bibliografische Daten sind im Internet über http://dnb.d-nb.de abrufbar.

ISBN: 978-3-7379-1396-6

© 2015 GBI-Genios Deutsche Wirtschaftsdatenbank GmbH, Freischützstraße 96, 81927 München, www.genios.de

Alle Rechte vorbehalten. Dieses Werk ist einschließlich aller seiner Teile – z.B. Texte, Tabellen und Grafiken - urheberrechtlich geschützt. Jede Verwertung außerhalb der Grenzen des Urheberrechtsgesetzes bedarf der vorherigen Zustimmung des Verlags. Dies gilt insbesondere auch für auszugsweise Nachdrucke, fotomechanische

Vervielfältigungen (Fotokopie/Mikroskopie), Übersetzungen, Auswertungen durch Datenbanken oder ähnliche Einrichtungen und die Einspeicherung und Verarbeitung in elektronischen Systemen.